LETTRES

patétes de sa Majesté
pour la faction des
hómages, nouueaux
papiers terriers, & re-
cherches des vsurpa-
tions faictes en la Ge-
neralité de Guyéne.

A PARIS,

Chez Iean Regnoul, ruë S. Iacques à
l'Elephant, deuant les Mathurins.

1607.

LETTRES PA-
TENTES DE SA MAIESTÉ
POVR LA FACTION DES HOM-
mages, nouueaux Papiers terriers, & re-
cherches des Vſurpations faictes en la Ge-
neralité de Guyenne.

HENRY, PAR LA GRACE DE DIEV ROY DE FRANCE ET DE NAVARRE. A nos amez & feaux Conſeillers Mᵉ Iean Martin Treſorier de France, & General de nos Finances en Guyenne, Seneſchaux de Guyenne, les Lannes, Agenois, Condomois, Perigord, Bazadois, Quercy, Baillifs de la Bourt de Soulles, ou leurs Lieutenans chacun endroit ſoy, Salut. Par nos Lettres pa-
tentes en forme de Commiſſion, données à Blois en l'année mil cinq cens quatre-vingtsdixneuf, Nous aurions commis &

deputé Me Balthazar de Goëyty Cõ
troolleur general de noſtre Domaine
ladicte Generalité de Guyenne pour a
pellé nos Procureurs & Receueurs de n
ſtre Domaine en chacune Seneſchauſſ
de ladicte Generalité, proceder ſuiuã
l'Edict de Creation de ſon Office à la r
cherche & perquiſition des Iuſtices, Iu
riſdictions, Terres, Seigneuries, Fiefs
Cens, Rentes, & autres droicts de noſtr
Domaine. A l'execueion deſquelles, à c
qui nous a eſté rapporté il auroit vac-
qué auec beaucoup de diligence en la
plus grande partie des Seneſchauſſées de
ladicte Generalité, & procedé ſeul, auec
noſdits Procureurs & Receueurs à la cõ-
fection du nouueau papier Terrier de
nos droicts & recherche deſdictes Vſurpations. Ce qu'il n'auroit peu parache-
uer à cauſe des appellations des detempteurs d'icelles, interjettées en noſtre
Court de Parlement de Bordeaux, dont
on n'auroit peu tirer le jugement d'icelle
au moyen que les Preſidens & Conſeil
lers dudit Parlement, leurs parens & alliez ſont poſſeſſeurs de la plus grande

partie d'iceluy. Occaſion dequoy il auroit eſté contraint de ceſſer ladicte recherche & ſe retirer pardeuers nous pour
y eſtre pourueus. A CES CAVSES,
apres auoir faict voir en noſtre Conſeil
leſdictes lettres de Cómiſſions adreſſan-
tes audit de Goëyty aux fins de faire les
recherches & perquiſitions de noſdits
droicts, les diligences ſur-ce par luy faictes en vertu d'icelles. Et deſirant que ladicte recherche ſorte ſon plain & entier
effect, & ne ſoit plus differé, Nous vous
auons commis & deputez, commettons
& deputons par ces preſentes, par & auec
leſdits Seneſchaux, Baillifs ou leurs Lieutenans, chacun en droit ſoy appellé ſui-
uant ladicte Cómiſsion ledit de Goëyty
Controlleur du Domaine : enſemble nos
Procureurs & Receueurs d'iceluy en chacune Seneſchauſſée de ladicte Generalité, & chacun en l'année de leur exerci-
ce, auſquels enjoignons faire leur deuoir tous affaires ceſſant, proceder di-
ligemment à la continuation du nouueau papier Terrier de tous nos droicts,
enſemble à la recherche & perquiſition
des Iuſtices, Iuriſdictions, Terres, Sei-

A iij

gneuries, Fiefs, Cens, Rentes, &autre
domaine vsurpé. Et à ces fins ferez faire
par le premier de nos Huissiers ou Sergens que vous commettrez, cry public
par affiches ou autrement, ainsi qu'il est
en tel cas accoustumé. Commandement
tres-expres à toutes personnes generalement quelconques, soient d'Eglise, Nobles, Communautez & autres de quelque qualité & conditions qu'ils soient,
sans exception de personnes, qui tien-
nent & possedent Terres, Seigneuries,
Heritages, Fiefs, Cens, Rentes, appor-
ter & mettre pardeuers vous & en cer-
tain delay raisonnable la declaration par
escript au vray & par le menu desdictes
Terres, Seigneuries & Heritages, & vous
monstrer & exhiber les lettres, tiltres &
enseignemens pour voir les lots & ventes qui nous sont deuës, auec les derniers
hommages, adueus & denombremens
& autres enseignemens, pour estre par
vous procedé à la reception desdits hommages, & verifications desdits denombremens, pour de tout nous en faire bons
& loyaux Registres, pour la conserua-
tion de nos droicts : & auec ce informez

des entreprinses & vsurpations faictes sur
les portions de nostredit Domaine. Et
de celles que vous trouuerez auoir esté
prinses & vsurpées sans tiltres vallables,
faictes les saisir & mettre en nostre main,
pour estre joinctes, vnies & incorporées
en nostredit Domaine. Et à ce faire proceder côtre les detempteurs, vsurpateurs
& occupateurs d'icelles, par condemna-
tions, demandes, restitutions de fruicts,
& autres peines que vous verrez estre à
faire par raison. Ensemble contraignez
au payement des Lots & ventes, Cens,
Rentes ceux qui se trouuerront redeuables, soit des fiefs, arrieres-fiefs nobles re-
leuans de nous, & autres biens roturiers
par les voyes accoustumées en nos affaires. Et afin que ceux qui doibuent lesdits
Lots & ventes ayent subject d'obeïr aux
publications que vous ferez faire, & de
payer plus libremét ce à quoy ils se trouuerront redeuables, Nous vous auons
permis & permettons & donnons pouuoir par ces presentes de leur quitter &
remettre la quatriesme partie de tout ce
qu'ils pourront deuoir pour raison desdits droicts de Lots & ventes seulement,

pourueu toutesfois qu'ils les viennent
declarer quinze iours apres le temps por-
té par lesdictes proclamations qui auront
esté faictes aux Profnes & par affiches,
autrement & à faute de ce faire seront
descheus & priuez de ladicte grace. Et
quant aux terres que trouuerez vsurpées,
& qui auront esté par vous reünies, fai-
ctes-en bail & deliurance aux plus offrans
& derniers encherisseurs, à tel droict de
cens, rentes & autres deuoirs, charges, à
conditions que verrez estre à faire pour
le mieux, aux profits & augmentations
de nostredit Domaine : les solemnitez en
tel cas requises, gardées & obseruées. Les-
quels baux ainsi par vous faits, nous en-
tretiendrons & ferons entretenir comme s'ils auoient esté faicts en nostre Conseil : & où il se verifiëroit quelque entre-
prise & vsurpation, ferez mesurer & ar-
penter en presence de ceux qui y auront
interest, les terres, prez, isles, bois, fo-
rests, tant à nous appartenant que tenus
& mouuans de nous en fiefs, & arrieres-
fiefs par arpéteurs jurez ou autres gens, à
ce cognoissant, faisant leuer & rasseoir les
anciennes bornes pour cognoistre lesdi-

êtes entreprinfes, & en faire planter de nouuelles où befoin fera. Et au furplus ferez faifir & mettre en noftre main tous & chacuns les lieux & heritages, terres & Seigneuries, Fiefs, Cens, Rentes, qui vous apperront nous auoir efté redeuables,& dont nos Receueurs fouloient faire recepte & ne la font à prefent, pour apres la verification faicte nous auoir efté vfurpées & tenuës fans tiltre valable, le tout reünir à noftredit Domaine. Ferez auffi crier par toutes nos terres & feigneuries les arrerages des rentes, lots & ventes qui nous peuuent eftre deuës, & qui nous peuuent eftre recelées, fi jugez que faire fe doiue, pour en eftre faict bail & deliurance à celuy ou ceux qui feront noftre condition meilleure. Les deniers prouenans defquelles adjudications, amendes & reftitutions de fruicts, & pareillement lefdictes rentes, lots & ventes, & arrerages des rentes, Nous voulons eftre mis és mains de nos Receueurs ordinaires qu'il appartiendra chacun en leur reffort, pour eftre employez ainfi qu'il leur fera par nous ordonné. Vous donnât pouuoir d'ordonner des deniers

prouenans defdictes recherches , ce qui
fera neceffaire & qui fera par vous aduifé
fuiuant vos loyautez & confciences. Et
de faire taxe à ceux qui feront employez
pour l'execution de ces prefentes fur les
deniers de ladicte nature, & à tout ce que
deffus faire & fouffrir. Contraignez &
faicte contraindre tous ceux qu'il appartiendra, & qui pour ce feront à contraindre reaument & de faict , Nonobftant
oppofitions ou appellations quelcõques
& fans prejudice d'icelles, pour lefquelles
ne voulõs eftre par vous differé, fauf aux
parties à fe pouruoir par appel, fçauoir
ceux qui fe trouueront n'eftre des Officiers de noftre Parlement de Bordeaux,
ou n'y auoir parens ou alliez audit Parlement. Et pour ceux qui fe trouuerõt eftre
Prefidens ou Confeillers en iceluy , leurs
parens ou alliez en noftre Cour de Parlement de Paris, à laquelle nous en auons
attribué & attribuons toute Cour, jurif-
diction & cognoiffance par ces prefentes . Interdifant à ce toutes nos autres
Cours fouueraines : lefquelles interdi-
ctions voulons leur eftre fignifié quand
befoin fera par le premier noftre Huiffier

ou Sergent sur ce requis, nonobstant les
actions de nosdictes Cours souuerai-
nes, statuts & Ordonnances d'icelles, auf-
quelles, quant à ce, & attendu qu'il est
question des droicts du Domaine de nostre Couronne. NOVS AVONS de nostre certaine science, plaine puissance &
authorité Royalle derogé & derogeons
par ces presentes, leur enjoignant faire
aux parties bonne & briefue Iustice. SI
VOVS MANDONS que vous ayez à instruire & juger les proces de nostre Domaine qui sont pendans pardeuant vn
chacun de vous & autres Iuges, & ordonner sur iceux ce qu'il appartiendra:
Et ceux qui seront pendans en ladicte
Cour de Parlement de Bordeaux con-
cernant lesdits Presidens & Conseillers
d'iceluy Parlement, leurs parens ou alliez, les auons euoquez à nous & à nostre personne, & iceux auons renuoyé &
renuoyons à nostredicte Cour de Parlement de Paris pour estre par eux para-
cheuez d'instruire, iuger & terminer en
la maniere que dessus. Et à ces fins VOV-
LONS les parties estre assignées à la re-
queste de nostre Procureur general pour

procedet fuiuant les derniers arremens,
VOVLONS en outre que tous les actes
qui feront par vous generalement faits,
foient retenus par Me Iean de Lacheze
Greffier de noftre Domaine en ladicte
Generalité ou fes Commis , defquels il
demeurera refponfable, lequel nous auós
partant que befoin feroit, cómis pour re-
ceuoir les actes & procedures , pour eftre
par luy mifes dans nos archiues de Bour-
deaux pour y auoir recours quád befoin
fera. Caffant & reuoquant toutes & cha-
cunes les commiffions que nous pour-
rions cy-deuant auoir depefchées à quel-
ques perfonnes que ce foit pour la recherche de noftredit Domaine , faction defdictes foy & hommage , & papier terrier,
lefquelles nous declarons nulles & de nul
effect & valeur : CAR TEL EST NO-
STRE PLAISIR. De ce faire vous auós
donné & donnons pouuoir , authorité,
commiffion & mandement fpecial. Mandons & commandons aux Gouuerneurs
de nos Prouinces, Capitaines, gens de
Iuftice, Maires, Iurats des villes , & autres nos Officiers vous affifter & prefter
fecours, faueur & aide , fi befoin eft & re-

quis en sont, sur peine d'en respondre en
leurs propres & priuez noms. Et à tous
Huissiers & Sergens d'exploicter vos lettres de Commission, & autres Mande-
mens, sur les mesmes peines : sans qu'ils
soient tenus demander placet, visa, ny
pareatis. Et d'autant qu'on pourra auoir
affaire de ces presentes en plusieurs lieux,
Voulons qu'au vidimus d'icelles deuë-
ment collationnées par l'vn de nos amez
& feaux Conseillers, Notaires & Secre-
taires, foy soit adjoustée comme au pre-
sent original. Donné à Paris le trenties-
me d'Octobre, l'an de grace mil six cens
sept. Et de nostre regne le dixneufiesme.

Ainsi signé, Par le Roy en son Conseil,
MELIAND.

Et en queuë,   MAVPEAV.

Et séellé du grand sceau de cire jaune.